LES ANIMAUX

ALPHABET ILLUSTRÉ

GARNIER FRÈRES, LIBRAIRES-ÉDITEURS
6, RUE DES SAINTS-PÈRES, 6

Pièce cartonnée
4° X

ALPHABET ILLUSTRÉ
DES
ANIMAUX

Lion et Lionne.

ALPHABET ILLUSTRÉ

DES

ANIMAUX

DESSINS

DE TRAVIÈS, GOBIN, KLEIN, ETC.

GRAVÉS PAR LEFMAN

PARIS

GARNIER FRÈRES, LIBRAIRES-ÉDITEURS

6, RUE DES SAINTS-PÈRES, 6

Ⓒ

LETTRES MAJUSCULES

A B C D E
F G H I J
K L M N O
P Q R S T
U V X Y Z
W Æ Œ

Cheval.

Ane.

LETTRES MINUSCULES

a b c d e f g
h i j k l m n
o p q r s t u
v x y z w æ œ

LETTRES ITALIQUES

*a b c d e f g
h i j k l m n
o p q r s t u
v x y z w æ œ*

| accent aigu | accent grave | accent circonflexe | tréma |

1 2 3 4 5 6 7 8 9 0
un deux trois quatre cinq six sept huit neuf zéro

Épagneul.

Terre-neuve.

Lévrier.

SYLLABES

ba	be	bi	bo	bu	ca	ce
ci	co	cu	da	de	di	do
du	fa	fe	fi	fo	fu	ga
ge	gi	go	gu	ha	he	hi
ho	hu	ja	je	ji	jo	ju
ka	ke	ki	ko	ku	la	le
li	lo	lu	ma	me	mi	mo
mu	na	ne	ni	no	nu	pa
pe	pi	po	pu	ra	re	ri
ro	ru	sa	se	si	so	su
ta	te	ti	to	tu	va	ve
vi	vo	vu	xa	xe	xi	xo
xu	za	ze	zi	zo	zu	

Chat de gouttière.

Angora.

Chat sauvage.

SYLLABES

Ba-ba, Da-da, Pa-pa, Ta-lon,
Va-che, Pa-ge, Par-ti, Da-me,
Ma-ri, Ma-man, Bé-bé, Ché-ri,
É-té, Mé-tal, Pâ-té, Ci-té,
Cas-sé, Ca-ché, But-te, Fâ-ché,
Ba-sa-ne, Ca-na-ri, Ca-ba-ne,
Ca-ra-fe, Ha-ri-cot, Ca-sa-que,
La-va-ge, Ga-ba-re, Ma-la-de,
Ca-la-mi-té, Ca-ma-ra-derie,
Na-ta-tion, É-ta-blis-se-ment,
Bé-né-fi-ce, Pé-tri-fi-ca-tion,
Fa-ci-li-té, A-gri-cul-tu-re,
Fé-ro-ci-té, Af-fa-bi-li-té,
Mé-ca-ni-que, Gé-né-ro-si-té,
Ré-cré-a-tion, Vé-né-ra-tion.

— 12 —

Lièvre.

Lapin domestique.

Lapin de garenne.

SYLLABES

Bi-che, Cri-er, Cou-rir, Fu-sil,
Ha-bit, Hi-bou, Ké-pi, Ki-lo,
Li-ban, Mi-nuit, Ni-veau, Ri-re,
Fu-té, Pu-ce, Pu-nir, Re-çu,
Ju-pon, Ju-ry, Lu-tin, Lu-cas,
Ci-ra-ge, Ci-ta-din, I-ta-lie, Gi-bier,
Bi-tu-me, Du-ra-ble, Du-re-té,
Li-ber-té, Li-mi-te, Qua-li-té,
Mi-li-ce, Pis-sen-lit, Bi-ri-bi,
Ci-vi-li-té, Di-vi-ni-té, Lu-ci-di-té,
Fi-dé-li-té, Hi-la-ri-té, Fé-ro-ci-té,
Fi-la-teur, Phy-si-que, Tri-che-rie,
Li-brai-rie, Mi-né-raux, Cy-près,
Lui, Loin, Foin, Dieu, Buis,
Lien, Mien, Tien, Sien, Fi-er-té.

Écureuils.

La toi-let-te de ma-man.
Le pa-le-tot de pa-pa.
Le pis-to-let de Geor-ges.
Le fu-sil et le sa-bre d'A-dri-en.
La pou-pée de Jean-ne.
J'ai-me beau-coup mes pa-rents.
Mon per-ro-quet ba-var-de.
As-tu dé-jeu-né, Jac-quot?
Le so-leil é-blou-it Ju-lien.
La lu-ne bril-le pen-dant la nuit.
Il faut é-tu-dier sa le-çon.
Te-nons-nous bien à ta-ble.
Je vais me la-ver les mains.
Les dra-gons pas-sent au ga-lop.
Je li-rai bien-tôt cou-ram-ment.

Antilope

Les antilopes ressemblent aux cerfs par leur pelage ras, par la finesse de leurs jambes et la rapidité de leur course. On les trouve surtout en Afrique. Elles habitent de préférence les montagnes et sautent de rochers en rochers avec une agilité extraordinaire. La taille des antilopes est très variée. Certaines espèces ne sont pas plus grandes qu'un agneau qui vient de naître; d'autres atteignent presque la taille d'un cheval.

Bison

Le nom de bison a été donné au bœuf sauvage de l'Amérique du Nord. Le bison est surtout remarquable par sa bosse et par l'espèce de crinière qui couvre son corps depuis les épaules jusqu'au milieu du front. Cette crinière est composée de longs poils raides, et d'une laine plus fine et plus douce que celle des moutons appelés mérinos. La queue du bison est courte. Ses cornes sont également courtes, mais très fortes.

Chameau

On divise les chameaux en deux espèces principales : le chameau à deux bosses et le chameau à une seule bosse qu'on appelle plutôt *dromadaire*. Ces animaux ne sont pas beaux, mais ils rendent les plus grands services à l'homme. Ils traversent les déserts, chargés de poids énormes, se contentant d'une nourriture très faible et restant parfois huit ou dix jours sans boire. Aussi les Arabes ont-ils appelé le chameau *le navire du désert*.

Daim

Les daims se rencontrent dans la plus grande partie de l'Europe. La taille du daim est un peu moins élevée que celle du cerf. Son pelage, en hiver, est généralement brun ; en été, il est brun en dessus, fauve en dessous et tacheté de blanc. La femelle ne diffère du mâle que parce qu'elle n'a pas de bois. Le daim aime les collines et les lieux élevés ; il se nourrit de grains, de bourgeons et de feuilles. La peau du daim sert à faire des culottes et des gants.

Éléphants.

Éléphant

L'é lé phant est le plus grand des qua dru pè des. Il at teint gé né ra le ment trois mè tres de hau teur. Tout son corps est re vê tu d'u ne peau cal leu se et noi râ tre. Sa tê te est é nor me, ses o reil les sont très gran des. Au moyen de sa trom pe, qui lui sert de bras et de main, l'é lé phant peut sai sir les plus pe ti tes cho ses, les te nir em bras- sées ou les lan cer au loin. La trom pe de l'é lé- phant jou it aus si d'u ne for ce pro di gi eu se; il s'en sert pour bri ser les bran ches et pour ar ra cher les ar bres. Les deux lon gues dents in ci si ves qui lui sor tent de la mâ choi re por tent le nom de *dé fen ses*. Ce sont ces dé fen ses qui four nis sent l'i voi re. Les dé fen ses des fe mel les sont beau coup plus cour tes que cel les du mâ le; quel que fois même el les ne sor tent pas de la bou che. L'é lé phant est *her bi vo re*, c'est- à-dire qu'il ne se nour rit que d'her bes. Il est d'u ne gran de in tel li gen ce ; on lui fait ex é cu ter les tra vaux les plus dé li cats, les ex er ci ces les plus sur pre nants.

Élan

L'é lan ap par tient à la plus gran de es pèce de cerf ; sa tail le at teint ou dé pas se cel le du che-val. Son pe la ge est or di nai re ment gris fon cé ou d'un brun fau ve en des sus, plus clair en des sous. Son poil est ru de com me ce lui du cha meau. Le mâ le por te seul des bois et ils sont très lourds. Le cou de l'é lan est très court et très ro bus te. Ses o reil les sont gran des et res sem-blent as sez à cel les de l'â ne. L'é lan na ge aus si bien que le cerf et court aus si très vi te.

Fouine

La foui ne est à peu près de la tail le d'un jeune chat. El le a la tê te pe ti te, le corps al lon gé, les jam bes très cour tes, la queue pres que aus si lon gue que le corps et gar nie de longs poils. Les par ties su pé rieu res de son corps sont d'un fau ve brun ou bis tré. Le haut de la poi tri ne et le dessous du cou sont d'un beau blanc. La foui ne est la gran de en ne mie des pi geons et des pou les ; el le est très a gi le et grim pe le long des murs pour en trer dans les co lom biers et les pou lail lers.

Girafe.

Girafe

Les girafes ont le cou si long qu'elles atteignent quelquefois sept mètres de hauteur. Elles ont une courte crinière. Leur tête porte deux petites cornes. La queue de ces animaux est courte; leurs jambes de devant sont beaucoup plus longues que celles de derrière. Le pelage des girafes rappelle celui des panthères et des léopards. Leurs yeux sont très grands; leurs pieds sont terminés par des sabots fourchus. Dans son pays natal, la girafe broute les feuilles sur les branches des arbres. Elle a beaucoup de peine à prendre quelque chose à terre. La girafe ne peut marcher que l'amble, c'est-à-dire qu'elle avance les deux jambes d'un même côté. Elle court rapidement, mais se fatigue vite. Le lion est l'ennemi le plus redoutable de la girafe. Ce doux et charmant animal montre parfois beaucoup de courage en combattant le lion, et parfois même il remporte la victoire en lui assénant des coups de pied terribles sur la tête. On trouve la girafe en Afrique. Elle vit difficilement en Europe.

Hippopotame.

Hippopotame

L'hippopotame a un corps énorme et les jambes fort courtes. Sa peau est très épaisse et presque entièrement dépourvue de poils; il a la bouche démesurément fendue, les dents canines très fortes et développées en défenses. Sa queue est très courte; ses yeux sont très petits. L'ensemble de cet animal est reposant. L'hippopotame est *amphibie,* c'est-à-dire qu'il vit sur terre et dans l'eau. Il se nourrit de roseaux et de racines. On le trouve surtout sur les bords des grands fleuves de l'Afrique, en marche dans la vase ou dans la boue, fouillant avec ses défenses comme les cochons le font avec leur groin. Après l'éléphant et le rhinocéros, l'hippopotame est le plus grand des mammifères quadrupèdes. Cet animal étant très lourd marche fort mal, mais il nage et plonge avec une grande facilité. Son cri a beaucoup de ressemblance avec le hennissement du cheval et s'entend de fort loin. C'est sans doute de ce cri que lui vient son nom, lequel signifie *cheval de rivière.*

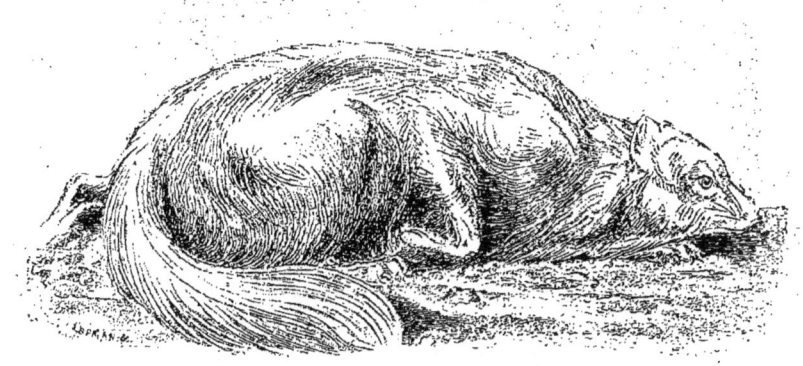

Isatis

L'i sa tis, ou *re nard bleu,* ha bi te les pays très froids. Son pe la ge est long, four ré, moelleux, pres que sem bla ble à de la lai ne, tan tôt d'un cen dré fon cé, tan tôt blanc. Le bout de son mu seau est noir. Com me tous les re nards, l'i sa tis est ru sé, har di et vo leur. Il chas se sur tout pen dant la nuit. Il na ge a vec fa ci li té et n'hé si te pas à tra ver ser les ri vi è res pour al ler cher cher par mi les joncs les nids des oi seaux a qua ti ques. La four ru re de cet a ni mal est très re cher chée.

Jaguar

Le jaguar se rapproche du tigre pour la taille. Chez la plupart des jaguars, le pelage est d'un jaune rougeâtre, mais le blanc domine à l'intérieur des oreilles, au museau, à la gorge, à la partie inférieure du corps et à la face intérieure des quatre jambes. Toute la peau est couverte de taches noires, ou rouges et noires, généralement en forme d'anneaux. On ne rencontre le jaguar qu'en Amérique, où il vit de préférence dans les herbes et dans les joncs.

Kanguroo

La con for ma tion de cet a ni mal est très sin gu-
liè re. Son corps est beau coup plus é pais dans la
par tie pos té rieu re que dans la par tie an té rieu re.
Ses pat tes de de vant sont aus si beau coup plus
cour tes que cel les de der riè re. Sa for te queue lui
sert d'ap pui et mê me de res sort pour se lan cer
quand il veut fuir. Pour man ger il se sert de ses
pat tes de de vant com me les sin ges. Les kan gû-
roos ont sous le ven tre une po che dans la quel le
ils a bri tent leurs pe tits.

Loup

Les for mes du loup res sem blent à cel les du chien, et ce pen dant il est im pos si ble de con fon dre ces deux a ni maux. Leur na tu re est si dif fé ren te qu'ils sont en ne mis par ins tinct. Les loups sont *car nas siers,* c'est-à-dire qu'ils ne vi vent que de chair; ils dé vo rent tous les a ni maux dont ils peuvent s'em pa rer, et prin ci pa le ment les mou tons. Le loup, pris jeu ne, peut s'ap pri voi ser, mais il reprend sa fé ro ci té en gran dis sant.

Mouton

On compte beaucoup d'espèces de moutons. Celle qui produit la laine la plus douce est le mouton d'Espagne, ou *mérinos*. Ce sont deux de ces moutons que représente notre gravure. Les moutons sauvages sont plus minces et beaucoup plus agiles que les moutons domestiques, mais leur poil est rude et grossier. Les mâles des moutons s'appellent *béliers;* les femelles, *brebis* et les petits, *agneaux*.

Naja

Le naja est un des serpents les plus terribles qui existent. Lorsqu'il est excité ou irrité, son cou se gonfle et forme une sorte de large collier. Il porte au-dessus du cou une tache noire dont la forme rappelle une paire de lunettes. De là vient le nom de *serpent à lunettes,* qui lui est souvent donné. Les jongleurs de l'Inde ne craignent pas de jouer avec ce serpent, après avoir eu soin de lui enlever ses crochets ou dents venimeuses.

Ours blancs.

Ours noir.

Ours

Les ours sont remarquables par leur grande taille et leur force extraordinaire. Ils fuient généralement toute société et établissent leur demeure dans les cavernes, dans les rochers inaccessibles ou dans les troncs des vieux arbres. Leur voix est un grondement prolongé. Les principales espèces sont l'ours blanc, l'ours noir et l'ours brun. Les ours blancs habitent particulièrement les rivages de la mer, dans les pays froids. Souvent même ils s'aventurent sur les glaçons flottants. Ils sont très féroces et se nourrissent d'animaux terrestres et de poissons. L'ours noir d'Amérique n'est pas carnassier, c'est-à-dire qu'il ne se nourrit pas de chair. Il vit, dit-on, de fruits, de glands, de racines et de miel. Mais on assure qu'il se nourrit aussi de poissons qu'il va chercher à la nage et en plongeant. L'ours brun est féroce et carnassier. Il habite les hautes montagnes et les grandes forêts. Lorsque les ours sont jeunes, on peut leur apprendre à se tenir debout, à gesticuler et à danser.

Porc-épic

Le nom de *porc* a été don né à cet a ni mal é tran ge en rai son de son gro gne ment sourd ; quant à ce lui d'*é pic,* on de vi ne qu'il vient des pi quants dont il est ar mé pour se dé fen dre. Ces pi quants ou é pi nes sont co lo rés d'an neaux al ter na ti ve ment blancs et noirs ; tous se hé ris sent à la ma niè re des plu mes du paon. Les sau va ges se ser vent des é pi nes du porc-é pic en gui se d'é pin gles. En Eu ro pe, on en fait des por te-plu mes.

Quincajou

Le quin ca jou ou *kin ca jou* se rap pro che un peu du sin ge com me con for ma tion. Il est gé né ra le ment de la tail le d'un chat or di nai re; son pe la ge est d'un roux brun en des sus et d'un roux vif en des sous. C'est un a ni mal noc tur ne, c'est-à-di re qui ne voya ge que la nuit. Il fait sa nour ri tu re des pe tits a ni maux qu'il peut at tein dre; il se nour rit vo lon tiers aus si de subs tan ces vé gé ta les, de miel sur tout. Sa pa trie est l'A mé ri que mé ri dio na le.

Rhinocéros.

Rhinocéros

La taille et la force de cet animal le rapprochent de l'éléphant; mais il est loin d'avoir son intelligence. Il porte sur le nez une corne très dure qui lui fournit un moyen de défense redoutable. Le tigre lui-même attaque plus volontiers l'éléphant, dont il peut saisir la trompe, que le rhinocéros. Celui-ci éventre facilement son ennemi. Il ne craint ni la griffe du tigre ni l'ongle du lion. Sa peau résiste même souvent aux balles des armes à feu. Le rhinocéros ne peut froncer ni contracter sa peau : elle est seulement plissée par de grosses rides au cou, aux épaules et à la croupe. Il a la tête plus longue que l'éléphant, mais il a les yeux plus petits et ne les ouvre jamais qu'à demi. Sa lèvre supérieure peut facilement s'allonger et lui sert en quelque sorte de trompe. Les oreilles du rhinocéros ont la forme de cornets et sont mobiles comme celles du cheval. Certains de ces animaux ont deux cornes sur le nez. Le rhinocéros est *herbivore,* c'est-à-dire qu'il se nourrit d'herbes.

Singes.

AYE-AYE. — OUISTITI. — PAPION.

Singes

Les papions appartiennent à une des plus grandes espèces de singes. Ils ont de un mètre à un mètre trente centimètres de hauteur lorsqu'ils sont debout, mais ils marchent le plus souvent à quatre pattes. Ils se nourrissent de fruits, de racines et de grains. Les papions sont méchants et même féroces ; ils grincent continuellement des dents.

L'ouistiti atteint à peine la grosseur et la longueur d'un petit chat ; mais sa queue est deux fois plus longue que son corps. Sa face est nue ; il est coiffé par deux toupets de longs poils blancs au-devant des oreilles. Il marche à quatre pieds et se nourrit de fruits, de légumes et d'insectes.

L'aye-aye est un animal qui tient à la fois de l'écureuil et du singe. Ses oreilles ressemblent à celles de la chauve-souris. Les doigts de ses pieds de devant sont beaucoup plus longs que chez les singes. L'aye-aye est en général de couleur brune, mais sa queue, très fournie, comme celle de l'écureuil, est noire.

Tigres.

Tigre

Le tigre est considéré comme le plus cruel des animaux féroces. Certains naturalistes assurent qu'il est indomptable et que même lorsque sa faim est assouvie, il cherche à répandre le sang. D'autres assurent, au contraire, qu'on l'apprivoise aussi facilement que le lion et qu'il devient très familier avec ceux qui le nourrissent, qu'il aime à recevoir des caresses, et qu'il y répond d'une manière très expressive. Le tigre est, en tout cas, d'une force prodigieuse, et fait la terreur de la plupart des animaux. Il emporte un bœuf dans sa gueule en fuyant, et il l'éventre d'un coup de griffe. Cet animal a le corps très allongé, la tête petite, la queue très longue, le pelage assez ras, les parties supérieures du corps d'un jaune fauve, le bout du museau, le cou, les joues, l'intérieur des oreilles, la gorge et la poitrine blancs. Sa robe est rayée de bandes noires et sa queue est marquée d'anneaux noirs. Le tigre se rencontre surtout dans les contrées de l'Asie méridionale.

Urochs

Les u rochs ou *au rochs* é taient au tre fois ré pan dus dans tou te l'Europe cen tra le ; mais ils ten dent de plus en plus à dis pa raî tre, et c'est à pei ne si l'on en ren con tre en co re quel ques-uns dans cer tai nes ré gions de la Rus sie.

L'u rochs est u ne es pè ce de bœuf qui se dis-tin gue par son front bom bé, plus lar ge que haut, par la pe ti tes se de ses cor nes, par la hau teur de ses jam bes et par u ne es pè ce de lai ne cré pue qui cou vre la tê te et le cou du mâ le.

Vache et Veau

La vache est peut-être le plus utile de nos animaux domestiques. Ne lui doit-on pas le lait, un des aliments préférés des enfants; le beurre, l'assaisonnement de la plupart de nos mets; le fromage, la nourriture la plus ordinaire des habitants de la campagne? La vache peut, comme le bœuf, être employée à la culture de la terre, mais elle est moins forte. La chair du veau est une nourriture saine et délicate.

Xandarus

Le xan da rus ou *ren ne* est à peu près de la tail le du cerf, a vec le quel il of fre d'ail leurs plu sieurs points de res sem blan ce. On le ren con tre sur tout en La po nie, dans le nord de l'A sie et au Ca na da. C'est la prin ci pa le ri ches se des La pons. Il rem pla ce en ef fet pour eux le che val, le bœuf, la va che et la bre bis; car on l'at tel le au traî neau, à la voi tu re et à la char rue; la fe mel le don ne un ex cel lent lait, d'où l'on re ti re du beur re et un fro ma ge es ti mé.

Yack

Les yacks se rencontrent surtout au Thibet et dans le nord de la Chine, où ils remplacent avantageusement nos bœufs et nos vaches. Ces animaux ont une grosse touffe de poils crépus sur le sommet de la tête; une sorte de crinière sur le cou; le dessous de leur corps est couvert de crins longs et tombants. Les yacks sont très forts et très agiles. Leur toison, formée de poils laineux et de poils soyeux, est employée dans la fabrication de divers tissus.

Zèbre

Les formes du zèbre rappellent à la fois celles du cheval et celles de l'âne. Mais ce qui caractérise surtout cet animal, c'est son pelage, fauve chez le mâle, blanchâtre chez la femelle, marqué de bandes transversales noires, disposées avec une régularité surprenante. Les zèbres habitent certaines parties de l'Afrique. Ils sont d'une grande agilité et s'apprivoisent très difficilement, à moins qu'on ne les ait pris jeunes.

www.ingramcontent.com/pod-product-compliance
Lightning Source LLC
Chambersburg PA
CBHW060936050426
42453CB00009B/1039